Impressum
Verlag: BABADADA GmbH, Nedderfeld 112 , 22529 Hamburg
Geschäftsführer / Verlagsleitung: Harald Hof
Druck: Books on Demand GmbH, In de Tarpen 42, 22848 Norderstedt

Imprint
Publisher: BABADADA GmbH, Nedderfeld 112 , 22529 Hamburg, Germany
Managing Director / Publishing direction: Harald Hof
Print: Books on Demand GmbH, In de Tarpen 42, 22848 Norderstedt

das Klassenzimmer
σχολική τάξη

dividieren
διαιρώ

186/2

die Tafel
πίνακας

der Schulhof
σχολική αυλή

der Lehrer
δάσκαλος

das Papier
χαρτί

schreiben
γράφω

der Stift
στυλό

der Schreibtisch
γραφείο

das Lineal
χάρακας

das Buch
βιβλίο

die Schüler
μαθητής

die Schultasche

σχολική τσάντα

die Federmappe

κασετίνα/ μολυβοθήκη

der Bleistift

μολύβι

der Bleistiftspitzer

ξύστρα

der Radierer

γόμα

der Zeichenblock

μπλοκ ζωγραφικής

die Zeichnung

ζωγραφική

der Pinsel

πινέλο

der Malkasten

κουτί χρωμάτων

die Schere

ψαλίδι

der Klebstoff

κόλλα

das Übungsheft

τετράδιο ασκήσεων

die Hausübung

εργασία για το σπίτι

die Zahl

αριθμός

addieren

προσθέτω

subtrahieren

αφαιρώ

multiplizieren

πολλαπλασιάζω

rechnen

υπολογίζω

der Buchstabe

γράμμα

das Alphabet

αλφάβητο

das Wort

λέξη

der Text

κείμενο

lesen

διαβάζω

die Kreide

κιμωλία

die Unterrichtsstunde

μάθημα

das Klassenbuch

εγγράφομαι

die Prüfung

τεστ

das Zeugnis

πιστοποιητικό

die Schuluniform

μαθητική στολή

die Ausbildung

εκπαίδευση

das Lexikon

εγκυκλοπαίδεια

die Universität

πανεπιστήμιο

das Mikroskop

μικροσκόπιο

die Karte

χάρτης

der Papierkorb

καλάθι αχρήστων

das Hotel
ξενοδοχείο

die Jugendherberge
ξενώνας

die Wechselstube
ανταλλακτήρια συναλλάγματος

der Koffer
βαλίτσα

das Auto
αυτοκίνητο

die Sprache

γλώσσα

ja / nein

ναι / όχι

Okay

εντάξει

Hallo

γεια σου

die Dolmetscherin

μεταφραστής

Danke

Ευχαριστώ

Wie viel kostet …?

πόσο κάνει ;

Ich verstehe nicht.

Δε καταλαβαίνω

das Problem

πρόβλημα

Guten Abend!

Καλησπέρα!

Guten Morgen!

Καλημέρα!

Gute Nacht!

Καληνύχτα!

Auf Wiederschaun!

Αντίο

die Richtung

κατεύθυνση

das Gepäck

αποσκευές

die Tasche

τσάντα

der Rucksack

σακίδιο πλάτης

der Gast

καλεσμένος

das Zimmer

δωμάτιο

der Schlafsack

υπνόσακος

das Zelt

σκηνή

die Touristeninformation

τουριστικές πληροφορίες

der Strand

παραλία

die Kreditkarte

πιστωτική κάρτα

das Frühstück

πρωινό

das Mittagessen

μεσημεριανό

das Abendessen

δείπνο

die Fahrkarte

εισιτήριο

der Lift

ανελκυστήρας

die Briefmarke

γραμματόσημο

die Grenze

σύνορα

der Zoll

τελωνείο

die Botschaft

πρεσβεία

das Visum

βίζα

der Pass

διαβατήριο

das Flugzeug
αεροπλάνο

das Schiff
πλοίο

das Feuerwehrauto
πυροσβεστικό όχημα

der Bus
λεωφορείο

der Lastwagen
φορτηγό

Motorboot
ανοκίνητο σκάφος

das Fahrrad
ποδήλατο

das Auto
αυτοκίνητο

die Fähre
φεριμπότ

das Boot
βάρκα

das Motorrad
μοτοσικλέτα

das Polizeiauto
περιπολικό

das Rennauto
αγωνιστικό αυτοκίνητο

der Mietwagen
ενοικιαζόμενο αυτοκίνητο

das Carsharing

διαμοιρασμός αυτοκινήτων

der Abschleppwagen

γερανός

der Müllwagen

απορριμματοφόρο

der Motor

κινητήρας

der Kraftstoff

καύσιμο

die Tankstelle

βενζινάδικο

das Verkehrsschild

πινακίδα σήμανσης

der Verkehr

κυκλοφορία

der Stau

κυκλοφοριακή συμφόρηση

der Parkplatz

χώρος στάθμευσης

der Bahnhof

σιδηροδρομικός σταθμός

die Schienen

σιδηροδρομικές γραμμές

der Zug

τρένο

die Straßenbahn

τραμ

der Wagon

βαγόνι

der Hubschrauber

ελικόπτερο

der Flughafen

αεροδρόμιο

der Tower

πύργος

der Passagier

επιβάτης

der Container

εμπορευματοκιβώτιο

der Karton

χαρτοκιβώτιο

der Rollwagen

καρότσι

der Korb

καλάθι

starten / landen

απογειώνομαι /
προσγειόνομαι

die Stadt

πόλη

das Dorf

χωριό

das Stadtzentrum

κέντρο της πόλης

das Haus

σπίτι

das Kino
σινεμά

die Werbung
διαφήμιση

die Straßenlaterne
λάμπα δρόμου

die Straße
οδός

das Taxi
ταξί

der Kiosk
ψιλικατζίδικο

der Fußgänger
πεζός

der Gehsteig
πεζοδρόμιο

der Zebrastreifen
διάβαση πεζών

die Mülltonne
κάδος απορριμμάτων

die Kreuzung
διασταύρωση

die Ampel
φανάρια

die Hütte
καλύβα

die Wohnung
διαμέρισμα

der Bahnhof
σιδηροδρομικός σταθμός

das Rathaus
δημαρχείο

das Museum
μουσείο

die Schule
σχολείο

die Stadt - πόλη

die Universität

πανεπιστήμιο

die Bank

τράπεζα

das Spital

νοσοκομείο

das Hotel

ξενοδοχείο

die Apotheke

φαρμακείο

das Büro

γραφείο

die Buchhandlung

βιβλιοπωλείο

das Geschäft

κατάστημα

der Blumenladen

ανθοπωλείο

der Supermarkt

σούπερ μάρκετ

der Markt

αγορά

das Kaufhaus

πολυκατάστημα

der Fischhändler

ιχθυοπωλείο

das Einkaufszentrum

εμπορικό κέντρο

der Hafen

λιμάνι

der Park
πάρκο

die Bank
παγκάκι

die Brücke
γέφυρα

die Stiege
σκάλες

die U-Bahn
μετρό

der Tunnel
τούνελ

die Bushaltestelle
στάση λεωφορείου

die Bar
μπαρ

das Restaurant
εστιατόριο

der Briefkasten
γραμματοκιβώτιο

das Straßenschild
πινακίδα δρόμου

die Parkuhr
παρκόμετρο

der Zoo
ζωολογικός κήπος

die Badeanstalt
πισίνα

die Moschee
τζαμί

der Bauernhof

αγρόκτημα

die Umweltverschmutzung

ρύπανση

der Friedhof

νεκροταφείο

die Kirche

εκκλησία

der Spielplatz

παιδική χαρά

der Tempel

ναός

die Landschaft

τοπίο

das Blatt
φύλλο

der Wegweiser
πινακίδα κατεύθυνσης

der Weg
δρόμος

die Wiese
λιβάδι

der Stein
πέτρα

der Baum
δέντρο

der Wanderer
πεζοπόρος

der Fluss
ποτάμι

das Gras
χορτάρι

die Blume
λουλούδι

das Tal

κοιλάδα

der Hügel

λόφος

der See

λίμνη

der Wald

δάσος

die Wüste

έρημος

der Vulkan

ηφαίστειο

das Schloss

κάστρο

der Regenbogen

ουράνιο τόξο

der Pilz

μανιτάρι

die Palme

φοίνικας

der Moskito

κουνούπι

die Fliege

μύγα

die Ameise

μυρμήγκι

die Biene

μέλισσα

die Spinne

αράχνη

der Käfer

σκαθάρι

der Frosch

βάτραχος

das Eichhörnchen

σκίουρος

der Igel

σκαντζόχοιρος

der Hase

λαγός

die Eule

κουκουβάγια

die Vogel

πουλί

der Schwan

κύκνος

das Wildschwein

αγριογούρουνο

der Hirsch

ελάφι

der Elch

άλκη

der Staudamm

φράγμα

das Windrad

ανεμογεννήτρια

das Solarmodul

ηλιακός συλλέκτης

das Klima

κλίμα

der Kellner
σερβιτόρος

die Speisekarte
κατάλογος

der Sessel
καρέκλα

die Suppe
σούπα

die Pizza
πίτσα

das Besteck
μαχαιροπίρουνα

die Tischdecke
τραπεζομάντιλο

die Vorspeise

ορεκτικό

das Hauptgericht

κύριο πιάτο

die Nachspeise

επιδόρπιο

die Getränke

ποτά

das Essen

φαγητό

die Flasche

μπουκάλι

das Fastfood

φαστ φουντ

das Streetfood

φαγητό στ' όρθιο

die Teekanne

τσαγιέρα

die Zuckerdose

δοχείο ζάχαρης

die Portion

μερίδα

die Espressomaschine

μηχανή εσπρέσο

der Kinderstuhl

ψηλή καρέκλα

die Rechnung

λογαριασμός

das Tablett

δίσκος

das Messer

μαχαίρι

die Gabel

πιρούνι

der Löffel

κουτάλι

der Teelöffel

κουταλάκι του τσαγιού

die Serviette

πετσέτα φαγητού

das Glas

ποτήρι

der Teller

πιάτο

der Suppenteller

πιάτο σούπας

die Untertasse

πιατάκι φλιτζανιού

die Sauce

σάλτσα

der Salzstreuer

αλατιέρα

die Pfeffermühle

μύλος για πιπέρι

der Essig

ξύδι

das Öl

λάδι

die Gewürze

μπαχαρικά

das Ketchup

κέτσαπ

der Senf

μουστάρδα

die Mayonnaise

μαγιονέζα

das Angebot
προσφορά

der Kunde
πελάτης

die Milchprodukte
γαλακτοκομικά προϊόντα

FOR

das Obst
φρούτα

der Einkaufswagen
καρότσι για ψώνια

die Schlachterei

κρεοπωλείο

die Bäckerei

φούρνος

wiegen

ζυγίζω

das Gemüse

λαχανικά

das Fleisch

κρέας

die Tiefkühlkost

κατεψυγμένα τρόφιμα

der Aufschnitt
αλλαντικά

die Konserven
κονσερβοποιημένη τροφή

das Waschmittel
απορρυπαντικό ρούχων

die Süßigkeiten
γλυκά

die Haushaltsartikel
οικιακά είδη

das Reinigungsmittel
καθαριστικά προϊόντα

die Verkäuferin
πωλήτρια

die Kassa
ταμείο

die Kassiererin
ταμίας

die Einkaufsliste
λίστα για ψώνια

die Öffnungszeiten
ωράριο λειτουργίας

die Brieftasche
πορτοφόλι

die Kreditkarte
πιστωτική κάρτα

die Tasche
τσάντα

die Plastiktüte
πλαστική σακούλα

das Wasser

νερό

der Saft

χυμός

die Milch

γάλα

die Cola

κόκα κόλα

der Wein

κρασί

das Bier

μπίρα

der Alkohol

αλκοόλ

der Kakao

κακάο

der Tee

τσάι

der Kaffee

καφές

der Espresso

εσπρέσο

der Cappuccino

καπουτσίνο

die Banane

μπανάνα

der Apfel

μήλο

die Orange

πορτοκάλι

die Melone

πεπόνι

die Zitrone

λεμόνι

die Karotte

καρότο

der Knoblauch

σκόρδο

der Bambus

μπαμπού

die Zwiebel

κρεμμύδι

der Pilz

μανιτάρι

die Nüsse

ξηροί καρποί

die Nudeln

νουντλς

die Spaghetti

μακαρόνια

der Reis

ρύζι

der Salat

σαλάτα

die Pommes frites

πατατάκια

die Bratkartoffeln

τηγανητές πατάτες

die Pizza

πίτσα

der Hamburger

χάμπουργκερ

das Sandwich

σάντουιτς

das Schnitzel

κοτολέτα

der Schinken

ζαμπόν

die Salami

σαλάμι

die Wurst

λουκάνικο

das Huhn

κοτόπουλο

der Braten

ψητό

der Fisch

ψάρι

die Haferflocken

χυλός βρώμης

das Müsli

μούσλι

die Cornflakes

κορν φλέικς

das Mehl

αλεύρι

das Croissant

κρουασάν

die Semmel

ψωμάκι

das Brot

ψωμί

der Toast

τοστ

die Kekse

μπισκότα

die Butter

βούτυρο

der Topfen

τυρόπηγμα

der Kuchen

κέικ

das Ei

αυγό

das Spiegelei

τηγανητό αυγό

der Käse

τυρί

die Eiscreme

παγωτό

der Zucker

ζάχαρη

der Honig

μέλι

die Marmelade

μαρμελάδα

der Schokoladenaufstrich

άλλειμμα σοκολάτας

das Curry

κάρυ

das Essen - φαγητό

das Bauernhaus
αγρόσπιτο

die Scheune
αχυρώνας

der Strohballen
δεμάτι άχυρου

das Feld
χωράφι

das Pferd
αλόγο

der Anhänger
ρυμουλκούμενο

das Fohlen
πουλάρι

der Traktor
τρακτέρ

der Esel
γάιδαρος

das Schaf
πρόβατο

das Lamm
αρνί

die Ziege

κατσίκα

die Kuh

αγελάδα

das Kalb

μοσχαράκι

das Schwein

γουρούνι

das Ferkel

γουρουνάκι

der Stier

ταύρος

die Gans

χήνα

die Ente

πάπια

das Küken

κοτοπουλάκι

das Huhn

κότα

der Hahn

κόκορας

die Ratte

αρουραίος

die Katze

γάτα

die Maus

ποντίκι

der Ochse

βόδι

der Hund

σκύλος

die Hundehütte

σπιτάκι σκύλου

der Gartenschlauch

λάστιχο κήπου

die Gießkanne

ποτιστήρι

die Sense

θεριστήρι

der Pflug

αλέτρι

die Sichel

δρεπάνι

die Hacke

τσάπα

die Mistgabel

δίκρανο

die Axt

τσεκούρι

die Schubkarre

χειράμαξα

der Trog

ταΐστρα

die Milchkanne

δοχείο γάλακτος

der Sack

σάκος

der Zaun

φράχτης

der Stall

στάβλος

das Treibhaus

θερμοκήπιο

der Boden

έδαφος

die Saat

σπόρος

der Dünger

λίπασμα

der Mähdrescher

θεριζοαλωνιστική μηχανή

der Bauernhof - αγρόκτημα

ernten

θερίζω

die Ernte

συγκομιδή

die Yamswurzel

γιαμς

der Weizen

σιτάρι

das Soja

σόγια

der Erdapfel

πατάτα

der Mais

καλαμπόκι

der Raps

κράμβη

der Obstbaum

οπωροφόρο δέντρο

der Maniok

μανιόκα

das Getreide

δημητριακά

der Schornstein
καμινάδα

das Dach
στέγη

die Regenrinne
υδρορροή

das Fenster
παράθυρο

die Garage
γκαράζ

die Klingel
κουδούνι

die Tür
πόρτα

der Abfallkübel
σκουπιδοτενεκές

der Briefkasten
γραμματοκιβώτιο

der Garten
κήπος

das Wohnzimmer

σαλόνι

das Badezimmer

μπάνιο

die Küche

κουζίνα

das Schlafzimmer

υπνοδωμάτιο

das Kinderzimmer

παιδικό δωμάτιο

das Esszimmer

τραπεζαρία

der Boden

πάτωμα

die Wand

τοίχος

die Decke

οροφή

der Keller

κελάρι

die Sauna

σάουνα

der Balkon

μπαλκόνι

die Terrasse

βεράντα

das Schwimmbad

πισίνα

der Rasenmäher

μηχανή του γκαζόν

der Bettbezug

σεντόνι

die Bettdecke

κάλυμμα κρεβατιού

das Bett

κρεβάτι

der Besen

σκούπα

der Kübel

κουβάς

der Schalter

διακόπτης

die Tapete
ταπετσαρία

das Bild
φωτογραφία

die Lampe
λάμπα

das Regal
ράφι

der Schrank
ντουλάπι

der Fernseher
τηλεόραση

der Kamin
τζάκι

die Blume
λουλούδι

der Polster
μαξιλάρι

das Sofa
καναπές

die Vase
βάζο

die Fernbedienung
τηλεκοντρόλ

der Teppich
χαλί

der Vorhang
κουρτίνα

der Tisch
τραπέζι

der Sessel
καρέκλα

der Schaukelstuhl
κουνιστή πολυθρόνα

der Sessel
πολυθρόνα

das Buch

βιβλίο

die Decke

κουβέρτα

die Dekoration

διακόσμηση

das Feuerholz

καυσόξυλα

der Film

ταινία

die Stereoanlage

στερεοφωνικό σύστημα

der Schlüssel

κλειδί

die Zeitung

εφημερίδα

das Gemälde

πίνακας ζωγραφικής

das Poster

αφίσα

das Radio

ραδιόφωνο

der Notizblock

σημειωματάριο

der Staubsauger

ηλεκτρική σκούπα

der Kaktus

κάκτος

die Kerze

κερί

der Kühlschrank
ψυγείο

die Mikrowelle
φούρνος μικροκυμάτων

die Küchenwaage
ζυγαριά κουζίνας

der Toaster
τοστιέρα

das Reinigungsmittel
απορρυπαντικό

der Backofen
φούρνος

das Gefrierfach
κατάψυξη

der Abfallkübel
σκουπιδοτενεκές

der Geschirrspüler
πλυντήριο πιάτων

der Herd
κουζίνα

der Topf
κατσαρόλα

der Eisentopf
μαντεμένια κατσαρόλα

der Wok / Kadai
γουόκ/καντάι

die Pfanne
τηγάνι

der Wasserkocher
βραστήρας

der Dampfgarer

ατμομάγειρας

das Backblech

ταψί

das Geschirr

πιατικά

der Becher

κούπα

die Schale

μπολ

die Essstäbchen

ξυλάκια

der Schöpflöffel

κουτάλα

der Pfannenwender

σπάτουλα

der Schneebesen

ανακατεύω

das Kochsieb

σουρωτήρι

das Sieb

σουρωτηράκι

die Reibe

τρίφτης

der Mörser

γουδί

der Grill

ψησταριά

das Kaminfeuer

ανοιχτή φωτιά

das Schneidebrett

σανίδα κοπής

das Nudelholz

πλάστης

der Korkenzieher

ανοιχτήρι φελλών

die Dose

κονσέρβα

der Dosenöffner

ανοιχτήρι κονσέρβας

der Topflappen

γάντι φούρνου

das Waschbecken

νεροχύτης

die Bürste

βούρτσα

der Schwamm

σφουγγάρι

der Mixer

μπλέντερ

die Gefriertruhe

καταψύκτης

die Babyflasche

μπιμπερό

der Wasserhahn

βρύση

das Badezimmer
μπάνιο

die Dusche
ντους

die Heizung
θέρμανση

das Handtuch
πετσέτα

der Duschvorhang
κουρτίνα ντουζ

das Schaumbad
αφρόλουτρο

die Badewanne
μπανιέρα

das Glas
ποτήρι

die Waschmaschine
πλυντήριο ρούχων

der Wasserhahn
βρύση

die Fliesen
πλακάκια

der Nachttopf
γιογιό

das Waschbecken
νεροχύτης

das Klo

τουαλέτα

die Hocktoilette

τούρκικη τουαλέτα

das Bidet

μπιντές

das Pissoir

ουρητήριο

das Klopapier

χαρτί υγείας

die Klobürste

πιγκάλ

die Zahnbürste

οδοντόβουρτσα

die Zahnpasta

οδοντόκρεμα

die Zahnseide

οδοντικό νήμα

waschen

πλένω

die Handbrause

τηλέφωνο ντους

die Intimdusche

ντουσιέρα

die Waschschüssel

λεκάνη

die Rückenbürste

βούρτσα πλάτης

die Seife

σαπούνι

das Duschgel

αφρόλουτρο

das Shampoo

σαμπουάν

der Waschlappen

φανέλα

der Abfluss

σιφόνι

die Creme

κρέμα

das Deodorant

αποσμητικό

der Spiegel

καθρέφτης

der Kosmetikspiegel

καθρέφτης χειρός

der Rasierer

ξυραφάκι

der Rasierschaum

αφρός ξυρίσματος

das Rasierwasser

αφτερσέιβ

der Kamm

χτένα

die Bürste

βούρτσα

der Föhn

σεσουάρ

das Haarspray

λακ

das Makeup

μακιγιάζ

der Lippenstift

κραγιόν

der Nagellack

βερνίκι νυχιών

die Watte

βαμβάκι

die Nagelschere

ψαλίδι νυχιών

das Parfum

άρωμα

der Kulturbeutel

νεσεσέρ

der Hocker

σκαμπό

die Waage

ζυγαριά

der Bademantel

μπουρνούζι

die Gummihandschuhe

ελαστικά γάντια

das Tampon

ταμπόν

die Damenbinde

πετσέτα υγιεινής

die Chemietoilette

χημική τουαλέτα

der Wecker
ξυπνητήρι

das Kuscheltier
λούτρινο ζωάκι

das Spielzeugauto
αυτοκινητάκι

die Rassel
κουδουνίστρα

das Puppenhaus
κουκλόσπιτο

das Geschenk
δώρο

der Ballon

μπαλόνι

das Bett

κρεβάτι

der Kinderwagen

καροτσάκι

das Kartenspiel

τράπουλα

das Puzzle

παζλ

der Comic

κόμικς

die Legosteine

τουβλάκια lego

die Bausteine

τουβλάκια κατασκευών

die Actionfigur

φιγούρα δράσης

der Strampelanzug

βρεφικό φορμάκι

das Frisbee

φρίσμπι

das Mobile

μόμπιλο

das Brettspiel

επιτραπέζιο παιχνίδι

der Würfel

ζάρια

die Modelleisenbahn

σετ τρενάκι

der Schnuller

πιπίλα

die Party

πάρτι

das Bilderbuch

εικονογραφημένο βιβλίο

der Ball

μπάλα

die Puppe

κούκλα

spielen

παίζω

der Sandkasten

σκάμμα με άμμο

die Schaukel

κούνια

das Spielzeug

παιχνίδια

die Spielkonsole

κονσόλα βιντεοπαιχνιδιών

das Dreirad

τρίκυκλο

der Teddy

αρκουδάκι

der Kleiderschrank

ντουλάπα

die Kleidung

ρούχα

die Socken

κάλτσες

die Strümpfe

καλτσοδέτες

die Strumpfhose

καλσόν

der Schal
κασκόλ

der Regenschirm
ομπρέλα

das T-Shirt
μπλουζάκι

der Gürtel
ζώνη

die Stiefel
μπότες

die Hausschuhe
παντόφλες

die Turnschuhe
αθλητικά παπούτσια

die Sandalen
σανδάλια

die Schuhe
παπούτσια

die Gummistiefel
γαλότσες

die Unterhose
εσώρουχο

der Büstenhalter
σουτιέν

das Unterhemd
φανέλα

der Body

σώμα

die Hose

παντελόνι

die Jeans

τζιν παντελόνι

der Rock

φούστα

die Bluse

μπλούζα

das Hemd

πουκάμισο

der Pullover

πουλόβερ

der Kapuzenpullover

πουλόβερ

der Blazer

σακάκι

die Jacke

μπουφάν

der Mantel

παλτό

der Regenmantel

αδιάβροχο πανωφόρι

das Kostüm

κοστούμι

das Kleid

φόρεμα

das Hochzeitskleid

νυφικό

der Anzug

κοστούμι

das Nachthemd

νυχτικό

der Pyjama

πιτζάμες

der Sari

σάρι

das Kopftuch

μαντήλι

der Turban

τουρμπάνι

die Burka

μπούρκα

der Kaftan

καφτάνι

die Abaya

μουσουλμανικό ένδυμα

der Badeanzug

ολόσωμο μαγιό

die Badehose

ανδρικό μαγιό

die kurze Hose

σορτς

der Jogginganzug

αθλητική φόρμα

die Schürze

ποδιά

die Handschuhe

γάντια

der Knopf

κουμπί

die Brille

γυαλιά

das Armband

βραχιόλι

die Halskette

περιδέραιο

der Ring

δαχτυλίδι

der Ohrring

σκουλαρίκι

die Mütze

καπέλο

der Kleiderbügel

κρεμάστρα

der Hut

καπέλο

die Krawatte

γραβάτα

der Reißverschluss

φερμουάρ

der Helm

κράνος

der Hosenträger

τιράντες

die Schuluniform

μαθητική στολή

die Uniform

στολή

das Lätzchen
σαλιάρα

der Schnuller
πιπίλα

die Windel
πάνα

das Büro
γραφείο

der Server
σέρβερ

der Aktenschrank
αρχειοθήκη

der Drucker
εκτυπωτής

das Papier
χαρτί

der Monitor
οθόνη

der Schreibtisch
γραφείο

die Maus
ποντίκι

der Ordner
ντοσιέ

die Tastatur
πληκτρολόγιο

der Papierkorb
καλάθι αχρήστων

der Sessel
καρέκλα

der Computer
υπολογιστής

der Kaffeebecher
κούπα του καφέ

der Taschenrechner
κομπιουτεράκι

das Internet
ίντερνετ

der Laptop

λάπτοπ

der Brief

γράμμα

die Nachricht

μήνυμα

das Handy

κινητό

das Netzwerk

δίκτυο

der Kopierer

φωτοτυπικό μηχάνημα

die Software

λογισμικό

das Telefon

τηλέφωνο

die Steckdose

πρίζα

das Fax

συσκευή φαξ

das Formular

έντυπο

das Dokument

έγγραφο

kaufen

αγοράζω

bezahlen

πληρώνω

handeln

συναλλάσσομαι

das Geld

χρήματα

der Dollar

δολάριο

der Euro

ευρώ

der Yen

γιεν

der Rubel

ρούβλι

der Franken

ελβετικό φράγκο

der Renminbi Yuan

ρενμίνμπι γιουάν

die Rupie

ρουπία

der Bankomat

ATM (αυτόματη ταμειακή μηχανή)

die Wechselstube

ανταλλακτήρια συναλλάγματος

das Gold

χρυσός

das Silber

ασήμι

das Öl

πετρέλαιο

die Energie

ενέργεια

der Preis

τιμή

der Vertrag

συμβόλαιο

die Steuer

φόρος

die Aktie

μετοχή

arbeiten

δουλεύω

der Angestellte

υπάλληλος

der Arbeitgeber

εργοδότης

die Fabrik

εργοστάσιο

das Geschäft

κατάστημα

der Polizist
αστυνόμος

der Feuerwehrmann
πυροσβέστης

der Koch
μάγειρας

die Ärztin
γιατρός

der Pilot
πιλότος

der Gärtner

κηπουρός

der Tischler

ξυλουργός

die Schneiderin

μοδίστρα

der Richter

δικαστής

die Chemikerin

χημικός

der Schauspieler

ηθοποιός

der Busfahrer

οδηγός λεωφορείου

der Taxifahrer

ταξιτζής

der Fischer

ψαράς

die Putzfrau

καθαρίστρια

der Dachdecker

τεχνίτης στεγών

der Kellner

σερβιτόρος

der Jäger

κυνηγός

der Maler

ζωγράφος

der Bäcker

αρτοποιός

der Elektriker

ηλεκτρολόγος

der Bauarbeiter

οικοδόμος

der Ingenieur

μηχανολόγος

der Schlachter

κρεοπώλης

der Installateur

υδραυλικός

die Briefträgerin

ταχυδρόμος

der Soldat

στρατιώτης

der Architekt

αρχιτέκτονας

die Kassiererin

ταμίας

die Blumenhändlerin

ανθοπώλης

der Friseur

κομμωτής

der Schaffner

ελεγκτής εισιτηρίων

der Mechaniker

μηχανικός

der Kapitän

καπετάνιος

die Zahnärztin

οδοντίατρος

der Wissenschaftler

επιστήμονας

der Rabbi

ραβίνος

der Imam

ιμάμης

der Mönch

μοναχός

der Pfarrer

ιερέας

der Hammer
σφυρί

die Zange
πένσα

der Schraubenzieher
κατσαβίδι

der Schraubenschlüssel
Γαλλικό κλειδί

die Taschenlampe
φακός

der Bagger

εκσκαφέας

der Werkzeugkasten

εργαλειοθήκη

die Leiter

σκάλα

die Säge

πριόνι

die Nägel

καρφιά

der Bohrer

τρυπάνι

reparieren

επισκευάζω

die Schaufel

φτυάρι

Scheiße!

Να πάρει!

die Kehrschaufel

φαράσι

der Farbtopf

δοχείο χρωμάτων

die Schrauben

βίδες

die Musikinstrumente
μουσικά όργανα

das Schlagzeug
ντραμς

der Lautsprecher
μεγάφωνο

die Gitarre
κιθάρα

der Kontrabass
κοντραμπάσο

die Trompete
τρομπέτα

das Klavier

πιάνο

die Violine

βιολί

der Bass

μπάσο

die Pauke

τύμπανα

die Trommeln

τύμπανο

die Tastatur

πλήκτρα

das Saxophon

σαξόφωνο

die Flöte

φλάουτο

das Mikrofon

μικρόφωνο

der Eingang
είσοδος

der Tiger
τίγρης

der Käfig
κλουβί

das Zebra
ζέβρα

das Tierfutter
ζωοτροφή

der Panda
πάντα

die Tiere

ζώα

der Elefant

ελέφαντας

das Känguru

καγκουρό

das Nashorn

ρινόκερος

der Gorilla

γορίλας

der Bär

αρκούδα

das Kamel

καμήλα

der Strauß

στρουθοκάμηλος

der Löwe

λιοντάρι

der Affe

πίθηκος

der Flamingo

φλαμίνγκο

der Papagei

παπαγάλος

der Eisbär

πολική αρκούδα

der Pinguin

πιγκουίνος

der Hai

καρχαρίας

der Pfau

παγώνι

die Schlange

φίδι

das Krokodil

κροκόδειλος

der Zoowärter

φύλακας ζωολογικού κήπου

die Robbe

φώκια

der Jaguar

τζάγκουαρ

das Pony

πόνυ

der Leopard

λεοπάρδαλη

das Nilpferd

ιπποπόταμος

die Giraffe

καμηλοπάρδαλη

der Adler

αετός

das Wildschwein

αγριογούρουνο

der Fisch

ψάρι

die Schildkröte

χελώνα

das Walross

θαλάσσιος ίππος

der Fuchs

αλεπού

die Gazelle

γαζέλα

das American Football
Αμερικάνικο ποδόσφαιρο

das Radfahren
ποδηλασία

das Tennis
αντισφαίριση

der Basketball
μπάσκετ

das Schwimmen
κολύμβηση

das Boxen
πυγχαμία

das Eishockey
χόκεϋ επί πάγου

der Fußball

ποδόσφαιρο

das Badminton

μπάντμιντον

die Leichtathletik

στίβος

der Handball

χάντμπολ

das Skifahren

σκι

das Polo

πόλο

springen
πηδάω

lachen
γελάω

umarmen
αγκαλιάζω

gehen
περπατάω

singen
τραγουδάω

träumen
ονειρεύομαι

beten
προσεύχομαι

küssen
φιλάω

schreiben

γράφω

zeichnen

σχεδιάζω

zeigen

δείχνω

drücken

πιέζω

geben

δίνω

nehmen

παίρνω

haben

έχω

machen

κάνω

sein

είμαι

stehen

στέκομαι

laufen

τρέχω

ziehen

τραβάω

werfen

ρίχνω

fallen

πέφτω

liegen

ξαπλώνω

warten

περιμένω

tragen

κουβαλώ

sitzen

κάθομαι

anziehen

φοράω

schlafen

κοιμάμαι

aufwachen

ξυπνάω

ansehen

κοιτάω

weinen

κλαίω

streicheln

χαϊδεύω

frisieren

χτενίζω

reden

μιλάω

verstehen

καταλαβαίνω

fragen

ρωτάω

hören

ακούω

trinken

πίνω

essen

τρώω

zusammenräumen

συγυρίζω

lieben

αγαπάω

kochen

μαγειρεύω

fahren

οδηγώ

fliegen

πετάω

segeln

κάνω ιστιοπλοΐα

rechnen

υπολογίζω

lesen

διαβάζω

lernen

μαθαίνω

arbeiten

δουλεύω

heiraten

παντρεύομαι

nähen

ράβω

Zähne putzen

βουρτσίζω τα δόντια

töten

σκοτώνω

rauchen

καπνίζω

senden

στέλνω

die Großmutter
γιαγιά

der Großvater
παππούς

der Vater
πατέρας

die Mutter
μητέρα

das Baby
μωρό

die Tochter
κόρη

der Sohn
γιος

der Gast

καλεσμένος

die Tante

θεία

der Onkel

θείος

der Bruder

αδελφός

die Schwester

αδελφή

die Stirn
μέτωπο

das Auge
μάτι

die Schulter
ώμος

der Finger
δάχτυλο

das Gesicht
πρόσωπο

das Kinn
πιγούνι

die Hand
χέρι

die Brust
στήθος

das Bein
πόδι

der Arm
βραχίονας

das Baby

μωρό

der Mann

άνδρας

die Frau

γυναίκα

das Mädchen

κορίτσι

der Junge

αγόρι

der Kopf

κεφάλι

der Rücken
πλάτη

der Bauch
κοιλιά

der Nabel
αφαλός

der Zeh
δάχτυλο ποδιού

die Ferse
φτέρνα

der Knochen
κόκκαλο

die Hüfte
γοφός

das Knie
γόνατο

der Ellbogen
αγκώνας

die Nase
μύτη

das Gesäß
γλουτός

die Haut
δέρμα

die Wange
μάγουλο

das Ohr
αυτί

die Lippe
χείλος

der Körper - σώμα

der Mund

στόμα

der Zahn

δόντι

die Zunge

γλώσσα

das Gehirn

εγκέφαλος

das Herz

καρδιά

der Muskel

μυς

die Lunge

πνεύμονας

die Leber

συκώτι

der Magen

στομάχι

die Nieren

νεφρά

der Geschlechtsverkehr

σεξουαλική επαφή

das Kondom

προφυλακτικό

die Eizelle

ωάριο

das Sperma

σπέρμα

die Schwangerschaft

εγκυμοσύνη

die Menstruation

περίοδος

die Vagina

γυναικείος κόλπος

der Penis

πέος

die Augenbraue

φρύδι

das Haar

μαλλιά

der Hals

λαιμός

das Spital
νοσοκομείο

die Rettung
ασθενοφόρο

der Rollstuhl
αναπηρικό καροτσάκι

der Bruch
κάταγμα

die Ärztin
γιατρός

die Notaufnahme
μονάδα εντατικής θεραπείας

die Krankenschwester
νοσοκόμα

der Notfall
έκτακτη ανάγκη

ohnmächtig
λιπόθυμος

der Schmerz
πόνος

die Verletzung

τραύμα

die Blutung

αιμορραγία

der Herzinfarkt

έμφραγμα

der Schlaganfall

εγκεφαλικό

die Allergie

αλλεργία

der Husten

βήχας

das Fieber

πυρετός

die Grippe

γρίπη

der Durchfall

διάρροια

die Kopfschmerzen

πονοκέφαλος

der Krebs

καρκίνος

die Diabetes

διαβήτης

der Chirurg

χειρουργός

das Skalpell

νυστέρι

die Operation

εγχείρηση

das CT

αξονική τομογραφία

das Röntgen

ακτινογραφία

der Ultraschall

υπέρηχος

die Maske

μάσκα

die Krankheit

ασθένεια

das Wartezimmer

αίθουσα αναμονής

die Krücke

πατερίτσα

das Pflaster

χάνσαπλαστ

der Verband

επίδεσμος

die Injektion

ένεση

das Stethoskop

στηθοσκόπιο

die Trage

φορείο

das Thermometer

θερμόμετρο

die Geburt

γέννηση

das Übergewicht

υπέρβαρο

das Hörgerät

ακουστικό βαρηκοΐας

das Desinfektionsmittel

αντισηπτικό

die Infektion

λοίμωξη

das Virus

ιός

das HIV / AIDS

HIV/AIDS

die Medizin

φάρμακο

die Impfung

εμβολιασμός

die Tabletten

δισκία

die Pille

χάπι

der Notruf

κλήση έκτακτης ανάγκης

der Blutdruckmesser

πιεσόμετρο αίματος

krank / gesund

άρρωστος / υγιής

Hilfe!

Βοήθεια!

der Alarm

συναγερμός

der Überfall

βιαιοπραγία

der Angriff

επίθεση

die Gefahr

κίνδυνος

der Notausgang

έξοδος κινδύνου

Feuer!

Φωτιά!

der Feuerlöscher

πυροσβεστήρας

der Unfall

ατύχημα

der Erste-Hilfe-Koffer

κουτί πρώτων βοηθειών

SOS

SOS

die Polizei

αστυνομία

das Europa

Ευρώπη

das Nordamerika

Βόρεια Αμερική

das Südamerika

Νότια Αμερική

das Afrika

Αφρική

das Asien

Ασία

das Australien

Αυστραλία

der Atlantik

Ατλαντικός Ωκεανός

der Pazifik

Ειρηνικός Ωκεανός

der Indische Ozean

Ινδικός Ωκεανός

der Antarktische Ozean

Ανταρκτικός Ωκεανός

der Arktische Ozean

Αρκτικός Ωκεανός

der Nordpol

Βόρειος Πόλος

der Südpol

Νότιος Πόλος

die Antarktis

Ανταρκτική

die Erde

Γη

das Land

γη

das Meer

θάλασσα

die Insel

νησί

die Nation

έθνος

der Staat

πολιτεία

das Ziffernblatt

καντράν ρολογιού

der Stundenzeiger

ωροδείκτης

der Minutenzeiger

λεπτοδείκτης

der Sekundenzeiger

δείκτης δευτερολέπτων

Wie spät ist es?

Τι ώρα είναι;

der Tag

ημέρα

die Zeit

χρόνος

jetzt

τώρα

die Digitaluhr

ψηφιακό ρολόι

die Minute

λεπτό

die Stunde

ώρα

die Woche

εβδομάδα

der Montag
Δευτέρα

der Mittwoch
Τετάρτη

der Freitag
Παρασκευή

der Dienstag
Τρίτη

der Samstag
Σάββατο

der Donnerstag
Πέμπτη

der Sonntag
Κυριακή

gestern

χθες

heute

σήμερα

morgen

αύριο

der Morgen

πρωί

der Mittag

μεσημέρι

der Abend

βράδυ

die Arbeitstage

εργάσιμες ημέρες

das Wochenende

Σαββατοκύριακο

der Regen
βροχή

der Regenbogen
ουράνιο τόξο

der Schnee
χιόνι

der Wind
άνεμος

der Frühling
άνοιξη

der Sommer
καλοκαίρι

der Herbst
φθινόπωρο

der Winter
χειμώνας

4.APRIL	11°	☀
5.APRIL	4°	☁
6.APRIL	13°	🌧
7.APRIL	8°	☀
8.APRIL	10°	☀

die Wettervorhersage

πρόγνωση καιρού

das Thermometer

θερμόμετρο

der Sonnenschein

λιακάδα

die Wolke

σύννεφο

der Nebel

ομίχλη

die Luftfeuchtigkeit

υγρασία

der Blitz

αστραπή

der Donner

κεραυνός

der Sturm

καταιγίδα

der Hagel

χαλάζι

der Monsun

μουσώνας

die Flut

πλημμύρα

das Eis

πάγος

der Jänner

Ιανουάριος

der Februar

Φεβρουάριος

der März

Μάρτιος

der April

Απρίλιος

der Mai

Μάιος

der Juni

Ιούνιος

der Juli

Ιούλιος

der August

Αύγουστος

das Jahr - έτος

der September

Σεπτέμβριος

der Oktober

Οκτώβριος

der November

Νοέμβριος

der Dezember

Δεκέμβριος

die Formen

σχήματα

der Kreis

κύκλος

das Quadrat

τετράγωνο

das Rechteck

ορθογώνιο
παραλληλόγραμμο

das Dreieck

τρίγωνο

die Kugel

σφαίρα

der Würfel

κύβος

weiß

άσπρο

gelb

κίτρινο

orange

πορτοκαλί

pink

ροζ

rot

κόκκινο

lila

μωβ

blau

μπλε

grün

πράσινο

braun

καφέ

grau

γκρι

schwarz

μαύρο

viel / wenig

πολύ / λίγο

wütend / friedlich

θυμωμένος / ήρεμος

hübsch / hässlich

όμορφος / άσχημος

der Anfang / das Ende

αρχή / τέλος

groß / klein

μεγάλος / μικρός

hell / dunkel

φωτεινός / σκοτεινός

der Bruder / die Schwester

αδελφός / αδελφή

sauber / schmutzig

καθαρός / λερωμένος

vollständig / unvollständig

πλήρης / ατελής

der Tag / die Nacht

ημέρα / νύχτα

tot / lebendig

νεκρός / ζωντανός

breit / schmal

φαρδύς / στενός

geniessbar / ungeniessbar

βρώσιμος / μη βρώσιμος

böse / freundlich

κακός / ευγενικός

aufgeregt / gelangweilt

ενθουσιασμένος /
βαριεστημένος

dick / dünn

παχύς / λεπτός

zuerst / zuletzt

πρώτος / τελευταίος

der Freund / der Feind

φίλος / εχθρός

voll / leer

γεμάτος / άδειος

hart / weich

σκληρός / μαλακός

schwer / leicht

βαρύς / ελαφρύς

der Hunger / der Durst

πείνα / δίψα

krank / gesund

άρρωστος / υγιής

illegal / legal

παράνομος / νόμιμος

gescheit / dumm

έξυπνος / χαζός

links / rechts

αριστερός / δεξιός

nah / fern

κοντινός / μακρινός

neu / gebraucht

καινούριος /
μεταχειρισμένος

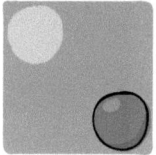

nichts / etwas

τίποτα / κάτι

alt / jung

γέρος | νέος

an / aus

αναμμένος / σβηστός

offen / geschlossen

ανοιχτός / κλειστός

leise / laut

χαμηλόφωνος /
μεγαλόφωνος

reich / arm

πλούσιος / φτωχός

richtig / falsch

σωστός / λανθασμένος

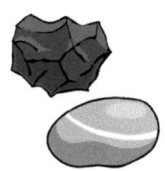

rau / glatt

τραχύς / λείος

traurig / glücklich

λυπημένος / χαρούμενος

kurz / lang

κοντός / μακρύς

langsam / schnell

αργός / γρήγορος

nass / trocken

υγρός / στεγνός

warm / kühl

ζεστός / δροσερός

der Krieg / der Frieden

πόλεμος / ειρήνη

die Zahlen

αριθμοί

0	**1**	**2**
null	eins	zwei
μηδέν	ένα	δύο

3	**4**	**5**
drei	vier	fünf
τρία	τέσσερα	πέντε

6	**7**	**8**
sechs	sieben	acht
έξι	εφτά	οκτώ

9	**10**	**11**
neun	zehn	elf
εννιά	δέκα	έντεκα

12	**13**	**14**
zwölf	dreizehn	vierzehn
δώδεκα	δεκατρία	δεκατέσσερα

15	**16**	**17**
fünfzehn	sechzehn	siebzehn
δεκαπέντε	δεκαέξι	δεκαεφτά

18	**19**	**20**
achtzehn	neunzehn	zwanzig
δεκαοκτώ	δεκαεννέα	είκοσι

100	**1.000**	**1.000.000**
hundert	tausend	Million
εκατό	χίλια	εκατομμύριο

Englisch

Αγγλικά

Amerikanisches Englisch

Αμερικάνικα Αγγλικά

Chinesisch (Mandarin)

Μανδαρίνικα Κινέζικα

Hindi

Χίντι

Spanisch

Ισπανικά

Französisch

Γαλλικά

Arabisch

Αραβικά

Russisch

Ρώσικα

Portugiesisch

Πορτογαλικά

Bengalisch

Μπενγκάλι

Deutsch

Γερμανικά

Japanisch

Ιαπωνικά

ich
εγώ

du
εσύ

er / sie / es
αυτός / αυτή / αυτό

wir
εμείς

ihr
εσείς

sie
αυτοί / αυτές / αυτά

Wer?
ποιος / ποια / ποιο;

Was?
τι;

Wie?
πώς;

Wo?
πού;

Wann?
πότε;

Name
όνομα

hinter
πίσω

in
μέσα

vor
μπροστά

über
πάνω από

auf
πάνω

unter
κάτω

neben
δίπλα

zwischen
ανάμεσα

der Ort
μέρος